BEI GRIN MACHT SICH IHR WISSEN BEZAHLT

- Wir veröffentlichen Ihre Hausarbeit,
  Bachelor- und Masterarbeit

- Ihr eigenes eBook und Buch -
  weltweit in allen wichtigen Shops

- Verdienen Sie an jedem Verkauf

Jetzt bei www.GRIN.com hochladen und kostenlos publizieren

Roswitha Jung

Die Vereinbarkeit von Familie und Beruf in Europa. Wie kinderfreundlich sind die europäischen Länder?

GRIN Verlag

Bibliografische Information der Deutschen Nationalbibliothek:

Die Deutsche Bibliothek verzeichnet diese Publikation in der Deutschen National-
bibliografie; detaillierte bibliografische Daten sind im Internet über http://dnb.d-
nb.de/ abrufbar.

Impressum:

Copyright © 2007 GRIN Verlag GmbH
Druck und Bindung: Books on Demand GmbH, Norderstedt Germany
ISBN: 978-3-638-83190-1

Dieses Buch bei GRIN:

http://www.grin.com/de/e-book/77822/die-vereinbarkeit-von-familie-und-beruf-in-
europa-wie-kinderfreundlich

GRIN - Your knowledge has value

Der GRIN Verlag publiziert seit 1998 wissenschaftliche Arbeiten von Studenten, Hochschullehrern und anderen Akademikern als eBook und gedrucktes Buch. Die Verlagswebsite www.grin.com ist die ideale Plattform zur Veröffentlichung von Hausarbeiten, Abschlussarbeiten, wissenschaftlichen Aufsätzen, Dissertationen und Fachbüchern.

Besuchen Sie uns im Internet:

http://www.grin.com/

http://www.facebook.com/grincom

http://www.twitter.com/grin_com

Vereinbarkeit von Familie und Beruf im europäischen Ländervergleich unter besonderer Berücksichtigung der Kinderfreundlichkeit

Prüfungsarbeit im Rahmen der Ausbildung zum/zur staatlich geprüften Europasekretär/in Schuljahr 2006/2007 im Fach Informations- und Büromanagement

eingereicht von:
Roswitha Romana Jung, Wiesbaden

Wiesbaden, 21. Mai 2007

Inhaltsverzeichnis

Abkürzungsverzeichnis

BMFSJ	Bundesministerium für Familie, Senioren, Frauen und Jugend
BpB	Bundeszentrale für politische Bildung
CIA	Central Intelligence Agency
ESWT	European Foundation for Improvement of Living and Working Conditions
FaFo	Institut für FamilienForschung Baden- Württemberg
OECD	Organisation for Economic Cooperation and Development
TAG	Tagesbetreuungsausbaugesetz

Abbildungsverzeichnis

Motto

Die Arbeit läuft dir nicht davon, wenn du deinem Kind den Regenbogen zeigst.
Aber der Regenbogen wartet nicht, bis du mit der Arbeit fertig bist.

Aus China

1. Problemstellung

Die vorliegende Arbeit erörtert die Problematik der Vereinbarkeit von Familie und Beruf im internationalen Ländervergleich unter besonderer Berücksichtigung der Kinderfreundlichkeit. Unter Vereinbarkeit von Familie und Beruf wird hier die Möglichkeit von Müttern *und* Vätern verstanden, sich zugleich Beruf und Karriere einerseits und dem Leben in der Familie und der Betreuung von Kindern andererseits zu widmen. Die Betreuung pflegebedürftiger Personen ist nicht Bestandteil dieser Untersuchungen, sondern bedarf einer gesonderten Untersuchung.

Das Thema Familie beschäftigt die Politik heute stärker denn je und ist ein zentrales Thema der öffentlichen Diskussion. Dies hat die folgenden Gründe: In Europa schrumpft die Bevölkerungszahl kontinuierlich. Laut UN-Schätzungen wird die Anzahl der Bevölkerung in den 15-EU Ländern bis 2050 von 377 auf 339 Millionen Einwohner schrumpfen (vgl. UN 2001 aus DB research, S. 51 ff). Die inzwischen auf 27 Staaten erfolgte Erweiterung der EU wird an diesem Trend nichts ändern. Damit nimmt auch das Erwerbspotential in Europa relativ und absolut gesehen ab. Um diesen Negativ-Trend abzuschwächen, müssen die Möglichkeiten zur Vereinbarkeit von Familie und Beruf verbessert werden. Diese Arbeit stellt einen internationalen Ländervergleich (Benchmarking) zwischen Schweden und Frankreich, zwei Vertretern der so genannten „Best-Practise-Länder", in denen diese Problematik gut gelöst wurde, und den Ländern Deutschland und Italien dar, die von diesen „Vorbildern" wesentlich Impulse zur Verbesserung ihrer eigenen Lage erhalten können. Von den insgesamt gut bewerteten skandinavischen Ländern wird Schweden genauer untersucht, da es die höchste Erwerbsquote jener Länder hat und aufgrund seiner Gleichstellungspolitik und seines flächendeckenden kinderfreundlichen Betreuungsangebotes als vorbildlich in Europa gilt. Frankreich wird vertieft betrachtet, da das Land Spitzenwerte im Anteil der Vollzeit arbeitenden Frauen erreicht und mit einer Geburtenrate von 2,1 Prozent seine Bevölkerungszahl konstant hält. In Italien, dem Vertreter der Mittelmeerländer, findet zurzeit ein drastischer sozialer Wandel statt mit einem starkem Anstieg der erwerbstätigen Frauen in Norditalien und einer sinkenden Geburtenrate, die mittlerweile mit 1,3 Prozent die niedrigste in Europa ist. In Deutschland ziehen sich Frauen mit einem bis zwei Kindern im europäischen Ländervergleich, mit Ausnahme von Irland, am häufigsten aus dem Erwerbsleben zurück. Der Kinderwunsch und die realisierte Kinderzahl klaffen deutlich auseinander. Während sich Paare im Schnitt 1,8 Kinder wünschen, liegt die Geburtenrate tatsächlich bei 1,3 Prozent. Der Anteil der über 60-jährigen wird in Deutschland bis 2050 ein Drittel der Gesamtbevölkerung ausmachen (vgl. Statistisches Bundesamt 2004 S. 56 ff). Aufgrund dieser Tatsachen steuert Deutschland auf einen gravierenden Mangel an

Fachkräften zu. In Italien und Deutschland ist die Vereinbarkeit von Familie und Beruf im Ländervergleich am schwierigsten realisierbar.

Als ein wesentliches Kriterium zur Vereinbarkeit von Familie und Beruf wird zunächst die Flexibilität, Qualität und Quantität des Betreuungsangebotes von Kindern im Alter von ein bis drei Jahren und im Vorschulalter untersucht. Die Hemmschwelle liegt für Frauen niedriger, je besser die Betreuungsangebote für Kleinkinder sind. (vgl. Abbildung 1)

A 3 | Kinderbetreuung und Geburtenrate

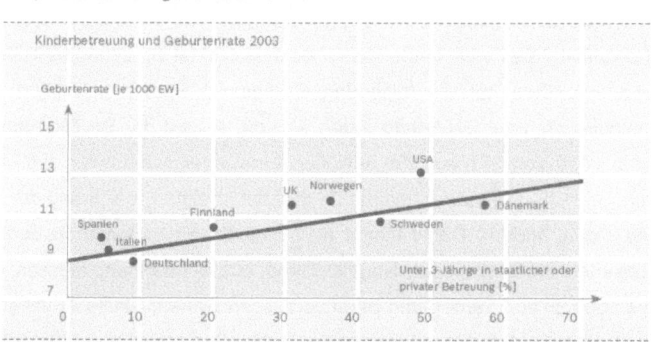

Quelle: OECD, Bertelsmann, CIA World Factbook 2004

Abbildung 1: Zusammenhang zwischen Kinderbetreuung und Geburtenrate im Ländervergleich
Das CIA World Factbook wird jährlich von der Central Intelligence Agency in den Vereinigten Staaten herausgegeben und enthält grundlegende statistische Daten über die Länder der Welt. Es ist öffentlich zugänglich. New York 2004. Die Bertelsmannstiftung initiiert selbständig und neutral Forschungsprojekte zu gesellschaftlichen Themen, so auch das Benchmarking Deutschland Aktuell, in dem die Vereinbarkeit von Familie und Beruf thematisiert werden, Gütersloh 2002. Die OECD Organisation for Economic Cooperation and Development ist eine internationale Organisation, die in verschiedenen Publikationen die Arbeitsmarktsituation in Industrienationen untersucht. Entnommen wurde die Abbildung aus der Studie Unternehmen Familie von Roland Berger Strategy Consultants. S.26, Stuttgart, 2006.

Im Anschluss daran wird die Problematik der Kinderfreundlichkeit unter der Fragestellung untersucht, ob es für das Kinderwohl, d. h. die gesunde Entwicklung des Kindes im sensiblen Alter von null bis drei Jahren besser ist, vorrangig von der Mutter betreut zu werden, oder ob die außerhäusliche Betreuung eine gleichwertige Alternative bietet. Je nach Vergleichsland wird diesem Thema unterschiedliches Gewicht beigemessen.

Es folgt ein Vergleich der Freistellungsregelungen und finanziellen Transferleistungen für Familien in den Vergleichsländern einschließlich der Erörterung, inwieweit diese zur Vereinbarkeit von Familie und Beruf beitragen.

Anschließend werden Maßnahmen zur Förderung der Vereinbarkeit von Familie und Beruf in Unternehmen untersucht. Als familienfreundlich gelten hierbei Unternehmen, die flexible Arbeitsformen- und zeiten fördern, wie z. B. die Teilzeitarbeit, Telearbeit, Jobsharing bzw. die Maßnahmen zur Förderung des Wiedereinstiegs der Eltern, in eine ihrer ursprünglichen Stelle entsprechenden Position im Unternehmen umsetzen und ein Netz von Weiterbildungsmaßnehmen anbieten. Ferner werden gleiche Löhne für gleiche Arbeit für Männer und Frauen bzw. die Einrichtung von Betriebskindergärten als Bestandteile einer familienfreundlichen Personalpolitik angesehen.

Abschließend wird ein Ausblick gegeben, wie in den Vergleichsländern die Situation zur Vereinbarkeit von Familie und Beruf verbessert werden könnte.

2. Kinderbetreuung in den Vergleichsländern

2.1. Kinderbetreuung in Schweden

In den skandinavischen Ländern ist die Kinderbetreuung im Kontext eines Wohlfahrtmodells zu sehen, dessen Ziel die Vollbeschäftigung ist und das die Gleichstellung von Männern und Frauen auf dem Arbeitsmarkt fördert. Väter und Mütter sollen sich die Erziehungsaufgaben teilen können. Schweden hat als erstes Land in Europa einen Vaterurlaub eingeführt, der die Aufteilung der Erziehungsaufgaben zwischen den beiden Elternteilen unterstützt (vgl. Bpb (2003) M. Veil, http://www.bpb.de/files/RXFU7L.pdf).

Schweden verfügt im europäischen Ländervergleich über die höchste Betreuungsdichte für Kinder unter drei Jahren. Fast die Hälfte dieser Kinder hat einen Betreuungsplatz (vgl. Abbildung 2). Eltern, die erwerbstätig sind oder studieren, haben einen gesetzlichen Anspruch auf einen Platz für jedes ihrer Kinder in einer ganztägig geöffneten Vorschultagesstätte oder alternativ auf eine Kindertagespflege. Die Öffnungszeiten der Kinderbetreuungseinrichtungen sind flexibel an die Arbeitszeiten der Eltern angepasst und die Gebühren betragen nur maximal drei Prozent ihres Einkommens (vgl. Studie von Roland Berger Strategy Consultants S. 36).
In Schweden ist die Kinderbetreuung für Kinder im Alter von 1 bis 3 Jahren eine Aufgabe des Staates. Im Vergleich zu Frankreich oder Deutschland wird weit weniger privat, z. B. von Tagesmüttern, und auch weniger in betrieblichen Einrichtungen betreut.

A 9 | Besuch von Kinderbetreuungseinrichtungen [in Prozent]

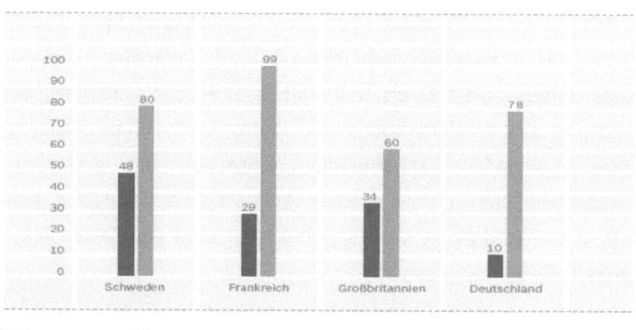

■ unter 3 Jahre ▨ 3 Jahre bis Grundschulalter
Quelle: OECD Employment Outlook 2001

Abbildung 2: Besuch von Kindertageseinrichtungen im Ländervergleich
Einer der jährlichen Publikationen der OECD (Organisation for Economic Cooperation and Development) der Bericht „Employment Outlook", der Statistiken zur Arbeitsmarksituation in Industrienationen gibt. Entnommen wurde die Abbildung aus der Studie „Unternehmen Familie" die im Auftrag der Robert Bosch Stiftung von Roland Berger Strategy Consultants erstellt wurde. S 36, Stuttgart, 2006.

Das Schulsystem legt Wert auf eine Angebot nach Unterrichtsende. Kinder werden z. B. in dem an jede Schule angegliederten Freizeitheim auch nach Unterrichtsende betreut. Die Qualität der Kinderbetreuung ist in Schweden sehr hoch. Die Erzieher verfügen über eine Hochschulausbildung und sind auch berechtigt an Grundschulen zu unterrichten.
Drei Fachkräfte unterrichten ca. 15 Kinder. Ganzheitliche Erziehungsansätze, z. B. nach Montessori, sollen die Entwicklung des Kindes fördern und es früh in die Gesellschaft integrieren (vgl. Oberhuemer/ Ulrich 1997, S.255 – 256).

2.2. Kinderbetreuung in Frankreich

Im Vergleich zu Schweden, Deutschland und Italien verfügt Frankreich über die breiteste Palette an staatlichen und privaten Betreuungsmöglichkeiten, die in der Regel ganztägig sind. Die wichtigste Betreuungseinrichtung ist die *École maternelle,* die Bestandteil des öffentlichen Schulsystems ist. Kinderbetreuung ist in Frankreich eine wichtige Aufgabe des Staates. 99 % der Kinder im Alter von drei bis sechs Jahren besuchen diese Einrichtung (vgl. Abbildung 1). Die Einrichtung ist mit Ausnahme des Mittwochs, an dem nur halbtags betreut wird, von 9:00 bis 16:30 Uhr geöffnet. Schuleigene Kantinen und Kinderbetreuung auch nach der Schulzeit und in den Ferien erleichtern die Vereinbarkeit von Familie und Beruf erheblich. Im Gegensatz zu Schweden gibt es keinen Rechtsanspruch auf einen Krippenplatz für Kinder unter 3 Jahren

(vgl. Jung, C. http://de.wikipedia.org/wiki/Vereinbarkeit_von_Familie_und_Beruf).

4

Da die Nachfrage nach Krippenplätzen höher ist als das Angebot, greifen die Eltern häufig auf einen „Betreuungsmix" zurück. In Frankreich gibt zwei Formen von Krippen. Die Kollektivkrippen (crèches collectives), deren Trägerschaft Kommunen, regionale Familienfonds und Verbände sind, sowie Elterninitiativkrippen (crèches parentales), in denen die Eltern mindestens einen halben Tag in der Woche aktiv mitwirken. Sie werden öffentlich gefördert. Die Familien tragen 42% der Kosten (vgl. Oberhuemer, P./ Ulrich, M. 1997, S. 125). Kindergärten (jardins d´ enfants) haben wegen der flächendeckenden Vorschulbetreuung kaum eine Bedeutung. Frankreich fördert seit den 90er Jahren stark die Privatinitiative von Eltern in Bezug auf die außerfamiliäre

Betreuung. Erwerbstätige Eltern, die in ihrem Haushalt Arbeitsplätze für Pflegepersonen schaffen erhalten einen Steuergutschein (vgl. Fix, B. http://www.familienhandbuch.de/cmain/f_Programme/a_Familienpolitik/s_887.html).

2.3. Kinderbetreuung in Italien

Im Gegensatz zu Frankreich und Schweden hat Italien als ein Vertreter der mediterranen Länder ein schwach ausgebautes Betreuungssystem. Der italienische Sozialstaat orientiert sich traditionsgemäß an der Familie als Ort der Kinderbetreuung (vgl. Bagavos, M 2001, S. 15). Auffallend ist ein starkes Nord-Süd Gefälle bezüglich der Betreuungsdichte. In Süditalien gibt es weniger Betreuungseinrichtungen als in Norditalien. Es gibt eine institutionalisierte Familienpolitik und somit klare Strukturen und Verantwortlichkeiten (vgl. Leipert 2003, http://www.heidelberger-familienbuero.de/demographie-wohlstand/Lesetip-Leipert-Frankreich-Italien.htm#Italien%20Geburtenzahlen).

Im Gegensatz zu Schweden ist die institutionelle Betreuung von 0 bis 3-Jährigen sehr schlecht ausgebaut. Die Situation ist vergleichbar mit der in Deutschland. Nur fünf Prozent der italienischen Kinder werden in Kinderkrippen betreut. In Norditalien können nur 30 % der Anfragen gedeckt werden. Die Eltern müssen etwas mehr als ein Drittel der Kosten der Einrichtung tragen.

Im Gegensatz dazu besuchen 90 % der Kinder einen Kindergarten. Dies kommt der Vorschulversorgung in Frankreich sehr nahe, wo 99% der Kinder die so genannte école maternelle besuchen (vgl. Wandel in Italien und Spanien http://www.kas.de/db_files/dokumente/die_politische_meinung/7_dokument_dok_pdf_747_1.pdf).

Der Besuch des staatlichen Kindergartens ist kostenlos. Die Betreuung findet ganztags statt.

2.4. Kinderbetreuung in Deutschland

Deutschland hat ähnlich wie Italien im europäischen Ländervergleich ein schlecht ausgebautes Betreuungssystem für Kinder im Alter zwischen ein bis drei Jahren. In Bezug auf die Betreuungsdichte gibt es ein Gefälle zwischen den neuen und den alten Bundesländern. Traditionsgemäß liegt sie in den neuen Bundesländern höher. Ende 2002 lag die Platz-Kind-Relation, d. h. die Zahl der verfügbaren Plätze bezogen auf die Zahl der Kinder, die einen Betreuungsplatz benötigen, bezüglich der Kinderkrippen in Westdeutschland bei nur 3 % in Ostdeutschland, jedoch bei 37 %. Nur 5 % der Kleinkinder in Westdeutschland hatten einen Hortplatz; in Ostdeutschland waren es 41 % (vgl. Statistisches Bundesamt, Kindertagesbetreuung in Deutschland 2002 http://www.destatis.de/presse /deutsch/pk/2004/faltblatt kinderbetreuung.pdf).

Die Vereinbarkeit von Familie und Beruf ist durch das fehlende Angebot an Betreuungsmöglichkeiten für Kinder im Alter von ein bis drei Jahren schwer realisierbar. In Deutschland, ähnlich wie in Italien werden Kinder in diesem Alter hauptsächlich von der Mutter betreut. In Anlehnung an das schwedische Modell soll durch das Tagesbetreuungsausbaugesetz (TAG), das im Januar 2005 in Kraft trat, die Betreuung für Kinder unter 3 Jahren in dem Maße ausgebaut werden, dass bis 2013 für jedes Kind unter drei Jahren ein Betreuungsplatz zur Verfügung steht. Eltern haben in Deutschland das Recht auf einen Kindergartenplatz. Wie in allen Vergleichsländern besteht in diesem Bereich nahezu eine Vollversorgung. Im Unterschied zu den anderen europäischen Ländern werden die Kinder in den alten Bundesländern überwiegend halbtags betreut. Das hat zur Folge, dass auch hier Eltern und Verwandtennetzwerke eine zentrale Rolle spielen (vgl. bmfsj 2007, http://www.bmfsfj.de/Kategorien/aktuelles,did=95840.html). Die Bundesländer Hessen, Rheinland-Pfalz und das Saarland haben zudem eingeführt, dass das letzte Kindergartenjahr beitragsfrei ist,. Demnächst soll dies auch in Niedersachsen der Fall sein. Der Bund setzt sich zunehmend ein für Kleinkinder und Vorschulkinder kostenfreie öffentliche Betreuungsmöglichkeiten zu schaffen. Dies gerät häufig in Kritik der Länder und Kommunen.

3. Finanzielle Transferleistungen und Freistellungs-regelungen im Ländervergleich

In Artikel 33 der Charta der Grundrechte der Europäischen Union sind einzelne Maßnahmen zur Vereinbarkeit von Familie und Beruf verankert:

Artikel 33 Familien und Berufsleben

> *(2) Um Familien- und Berufsleben miteinander in Einklang bringen zu können, hat jede Person das Recht auf Schutz vor Entlassung aus einem mit der Mutterschaft zusammenhängenden Grund sowie den Anspruch auf einen bezahlten Mutterschaftsurlaub und auf einen Elternurlaub nach der Geburt oder Adoption eines Kindes.* (Charta der Grundrechte der Europäischen Union 2000)

3.1. Freistellung und Finanztransfers in Schweden

In Schweden besteht der Anspruch auf 480 Tage Elternurlaub. Dieser kann entweder von der Mutter oder dem Vater in Anspruch genommen werden und kann flexibel zu gleichen Teilen über 8 Jahre verteilt genommen werden. In den ersten 360 Tagen erhalten die freigestellten Elternteile 80% ihres ursprünglichen Gehaltes. Im Vergleich zu Schweden ist der Elternurlaub in Deutschland mit bis zu 36 Monaten doppelt so lang, die finanziellen Transferleistungen jedoch geringer. Schweden erleichtert durch die kurze Elternzeit den Wiedereinstieg des freigestellten Elternteils ins Erwerbsleben, da die Erwerbstätigkeit nur kurz unterbrochen wurde. Da während der Elternzeit kaum Opportunitätskosten entstehen, das heißt in diesem Kontext Einkommensverluste im Zusammenhang mit der Kinderbetreuung, wird z. B. für hochqualifizierte Mütter der Anreiz geschaffen eine Familie zu gründen (vgl. Schmitt, Ch. S. 6). Schweden hat als erstes europäisches Land den Vaterurlaub eingeführt. Seit 1995 verfallen zwei Monate des Elternurlaubs, wenn sie nicht zu jeweils einem Monat vom Vater und von der Mutter genommen werden. Schweden hat dadurch die Bereitschaft von Vätern gefördert Elternurlaub zu nehmen (vgl. Fix, B. http://www.familienhandbuch.de/cmain/f_Programme/a_Familienpolitik/s_887.html). 30 % der schwedischen Väter nehmen den Vaterurlaub in Anspruch, in Deutschland sind es nur 5 % (vgl. Döge, P. S. 31). Die Erziehungszeiten werden in der Rentenversicherung angerechnet. Eine Freistellung der Eltern im Krankheitsfall ihres Kindes ist pro Kind für 60 Tage im Jahr möglich. 80 % des Gehaltes werden durch die lokalen Sozialkassen bezahlt (vgl. Swedish Institute (2005). Alfredson, K.
http://www.sweden.se/templates/cs/CommonPage_12898.aspx).

3.2. Freistellung und finanzielle Transfers in Frankreich

Die Erziehungszeit in Frankreich (*congé parental d´ education*) beträgt zwei Jahre. Diese zwei Jahre werden der Rentenversicherung angerechnet. Während dieser Zeit kann Teilzeit gearbeitet werden. Die Barleistungen für Familien stammen aus der Familienkasse, die zu zwei Dritteln von Arbeitgebern und zu einem Drittel vom Staat finanziert wird. Das Elterngeld beträgt bei vollständiger Arbeitsaufgabe 504,11 Euro. Es wird bei einem Kind sechs Monate gezahlt, bei zwei oder mehr Kindern drei Jahre. Um ein Anrecht auf Elterngeld zu haben, muss eine frühere Erwerbstätigkeit nachgewiesen werden. Für jedes Kind gibt es zudem eine Geburtsprämie (vgl. bmfsj (2006) Monitor Familienforschung Ausgabe 4, S. 24). Die Vaterzeit beträgt 14 Tage. Aufgrund eines Familiensplittings, das die Anzahl der Kinder berücksichtigt, sind Familien mit drei Kindern und einem durchschnittlichen Einkommen steuerfrei

(vgl. Jung C. (2007) http://de.wikipedia.org/wiki/Vereinbarkeit_von_Familie_und_Beruf)

Eine Besonderheit der Familienpolitik Frankreichs ist die Geburtenförderung. Kindergeld wird erst ab dem zweiten Kind gezahlt und ist nach Kinderzahl gestaffelt. Für zwei Kinder beträgt es 112 Euro und für drei Kinder 256 Euro. Ferner gibt es Steuererleichterungen für die Einstellung von Betreuungspersonal. Eine Freistellung im Krankheitsfall des Kindes kann in der Regel drei Tage pro Jahr unbezahlt in Anspruch genommen werden (vgl. Ministère de l´ emploi et de la cohésion sociale et du logement, (2006)
www.travail.gouv.fr/informations-pratiques/fiches-pratiques/conges-absences-du_travail.fr).

3.3. Freistellung und finanzielle Transferleistungen in Italien

Italien gibt nur 1,2 % des Bruttoinlandprodukts für Familienförderung aus und liegt damit deutlich unter der Hälfte des EU-Durchschnitts (vgl. Smoltczyk S. 70).
Seit 2001 besteht die Möglichkeit, nach dem Mutterschaftsurlaub von 15 Wochen einen 6 Monate lang bezahlten Erziehungsurlaub zu nehmen. Erwerbstätige Väter haben die Möglichkeit einen eigenständigen Erziehungsurlaub zu nehmen. Der Erziehungsurlaub erhöht sich dann insgesamt auf 11 Monate, von denen der Vater maximal sieben Monate beantragen kann. Während der Erziehungszeit erhalten die Eltern 30 % ihres Durchschnittseinkommens. Erziehungszeiten werden mit 6 Monaten je Kind in der Rentenversicherung berücksichtigt. Mütter und Väter, deren Einkommen höher als das 2,5 - fache der Mindestrente ist, haben ein Anrecht auf sechs Monate bezahlten Erziehungsurlaub, der bis zum dritten Geburtstag des Kindes in Anspruch genommen werden kann. Einen gesetzlichen Anspruch auf Teilzeitarbeit während des Erziehungsurlaubs gibt es nicht. Die Beiträge für das Erziehungsgeld werden zu 50 % vom Arbeitgeber, zu 30 % vom Staat und zu 20 % durch Beiträge der Versicherten finanziert.

Kindergeld wird erst ab dem dritten Kind gezahlt und ist einkommensabhängig. Bei hohem Familieneinkommen entfällt es (vgl. Der Tagesspiegel Online gedruckte Ausgabe vom 02.03.2007, Kreiner, P. http://archiv.tagesspiegel.de/ drucken.php?link=archiv/02.03.2007/3115470.asp).

3.4. Freistellungsregelungen und finanzielle Transferleistungen in Deutschland

Seit dem 01. Januar 2007 gilt anstelle des Bundeserziehungsgeldgesetzes das Bundeselterngeld- und Elternzeitgesetz. Die Elternzeit beträgt drei Jahre. Die Elternzeit wurde dahingehend flexibilisiert, dass ein Jahr der Elternzeit mit der Zustimmung des Arbeitgebers erst zwischen dem dritten und achten Lebensjahres des Kindes genommen werden kann. Während der Elternzeit ist es erlaubt, bis zu 30 Stunden pro Woche Teilzeit zu arbeiten. Da die Elternzeit von beiden Elternteilen zur gleichen Zeit genommen werden kann, besteht sowohl für den Vater die Möglichkeit 30 Stunden zu arbeiten, als auch für die Mutter. Die Eltern müssen so ihre Erwerbstätigkeit nicht unterbrechen. Mit dem Bundeselternzeitgesetz sollen die Eltern gleichzeitig Zeit für die Kleinkinderbetreuung haben, als auch die Möglichkeit bekommen, ihr Humankapital, d. h ihr z. B. durch ein Studium erworbenes Wissen, in der Arbeitswelt nutzen zu können. Im Ländervergleich zeigt sich, dass die familienpolitischen Neuregelungen sich stark an den Modellen Frankreichs und Schwedens orientieren. 71 % der Leistungen für Familien in Deutschland bestehen aus Barleistungen. Im Gegensatz dazu werden in Schweden und in Frankreich 70 % bzw. 73 % der Leistungen als Sachleistungen erbracht. Deutschland liegt bezüglich dem Anteil der Barleistungen über dem europäischen Durchschnitt (vgl. Abbildung 3).

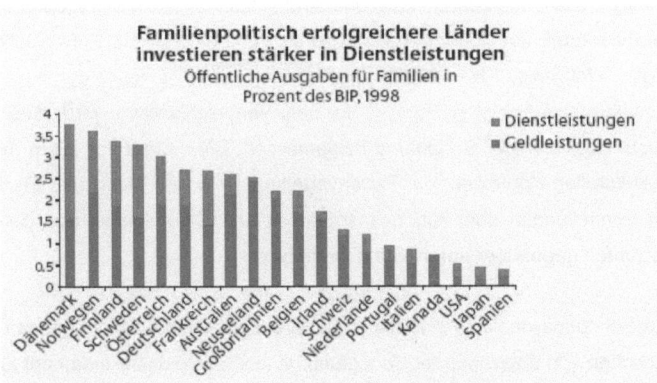

Abbildung 3: Verhältnis von Dienstleistungen und Geldleistungen für Familien im Ländervergleich Quelle: OECD Employment Outlook 1999

Paradoxerweise ist trotz der hohen Sozialausgaben die deutsche Fertilitäts- und Erwerbsquote von Müttern eine der niedrigsten in Europa (vgl. Studie von Roland Berger Stategy Consultants S.30). Das monatliche Elterngeld beträgt 67% des wegfallenden Nettoeinkommens, mindestens jedoch 300 Euro und höchstens 1800 Euro. Das Erziehungsgeld betrug im Vergleich dazu höchstens 300 Euro. Die starke Erhöhung der Bezüge soll die durch die Kindererziehung entstehenden Opportunitätskosten ähnlich wie in Schweden reduzieren. Ferner wurden so genannte Partnermonate eingeführt. Beteiligt sich das andere Elternteil mindestens zwei Monate an der Erziehung und arbeitet es in dieser Zeit maximal 30 Stunden pro Woche, kann das Elterngeld 14 Monate anstelle von 12 Monaten bezogen werden. Das Elterngeld wird zu 100 % vom Bund finanziert. Ab dem zweiten Kind gibt es einen Geschwisterbonus. Wenn beide Elternteile erwerbstätig bzw. erwerbstätig alleinerziehend sind, können sie seit dem 1. Januar zwei Drittel Kosten, die jährlich bei der Kindererziehung anfallen, als Betriebsausgaben oder Werbungskosten absetzen. Der Höchstbetrag liegt bei 4000 € jährlich pro Kind bis zur Vollendung des 14. Lebensjahres (vgl. bmfsj (2007)

http://www.bmfsfj.de/RedaktionBMFSFJ/Abteilung2/Pdf-Anlagen/regelleistungen-steuererm_C3_A4_C3_9Figungen-deutsch,property=pdf,bereich=,rwb=true.pdf).

4. Diskussion der Kinderfreundlichkeit

Kern der Debatte ist die Sorge um den Prozess der Primärsozialisation des Kindes im Alter von null bis drei Jahren und ob es in diesem Zusammenhang für das Wohl des Kindes von Nachteil ist, wenn es außerhäuslich und nicht primär von der Mutter als Bezugsperson betreut wird. Theoretische Grundlage ist das so genannte Bindungskonzept des Psychologen John Bowlby (1984), das besagt, dass das Kind *eine* emotionale Bezugsperson braucht, vorzugsweise die Mutter, um sicher gebunden zu sein und eine stabile Entwicklung zu durchlaufen (Vgl. Wolfgang, E (2005) http://www.familienhandbuch.de/cmain/f_Fachbeitrag/_a_Kindheitsforschung/s_1815.html). In den Vergleichländern wird dieser Problematik jeweils mehr oder weniger Bedeutung beigemessen. Dies hängt vor allem mit den vorherrschenden kulturellen Kontexten, der Rollenverteilung zwischen Mann und Frau, den unterschiedlichen Vorstellungen über Kindheit, Privatheit und Öffentlichkeit und dem Verhältnis der Gesellschaften gegenüber „ihrem Staat" zusammen.

Aus der Sicht der Entwicklungspsychologie sind die ersten drei Lebensjahre für die gesamte Entwicklung eines Menschen von überragender Bedeutung. In ihnen wird das Fundament für wesentliche Charaktereigenschaften, der Grundhaltung des Individuums zu sich selbst und der Umwelt, das Lernverhalten und dessen Motivation und überlebenswichtige

Arbeitsmodelle, wie z. B. die Fähigkeit der Stressbewältigung gelegt (vgl. Hoffmann S. O./Hochapfel G. S.28 f).

Neuere Forschungsergebnisse aus der Hirnforschung zeigen, dass die primäre Mutter-Kind-Bindung bei außerhäuslicher Betreuung bewahrt wird und zusätzlich dazu sekundäre Bindungen an die jeweiligen ErzieherInnen stattfinden. Soziale Erfahrung in einer Gruppe von Gleichaltrigen fördern zudem die frühkindliche emotionale Entwicklung und das Sozialverhalten (vgl. Hüter, G. S. 18).

Das Leitbild der Exklusivität der Kinderbetreuung durch die Mutter als „natürlichste" Form der Kindererziehung ist besonders in Westdeutschland traditionsgemäß stark verankert. Der Fremdbetreuung wird oft misstraut, was zum Teil auf Vorurteilen gegenüber der Krippenbetreuung in der ehemaligen DDR beruht. Die deutsche Familienpolitik hat bislang durch Maßnahmen wie z. B. das Ehegattensplitting, das in der Regel dem Elternteil mit niedrigerem Einkommen – meistens der Frau – den Anreiz nimmt, erwerbstätig zu sein, ein tradiertes geschlechterspezifisches Rollenverhalten verfestigt. Die Kindererziehung wird in Deutschland noch immer vorwiegend als private Angelegenheit gesehen und nicht als Aufgabe des Staates. Diesbezüglich findet im Moment ein Paradigmenwechsel statt. Erwerbstätige Frauen sind zunehmend auf ein flächendeckendes öffentliches Betreuungsangebot angewiesen, um Beruf mit Familie vereinbaren zu können. Die interfamiliären Betreuungsnetze werden zunehmend unzuverlässiger. Aufgrund der zunehmenden Mobilität in der Arbeitswelt, wohnen junge Eltern oft von ihren Eltern weit entfernt und können daher bezüglich der Kinderbetreuung kaum mehr auf sie zurückgreifen. Die fehlende Institutionalisierung der Kinderbetreuung gerät in die Kritik qualitativ mangelhaft zu sein, da es keinen einheitlichen, verbindlichen Unterrichtsplan für Kinder dieses Alters gibt und das pädagogische Personal über keine Hochschulbildung, wie etwa in Schweden, verfügt. Ferner sind die zu betreuenden Gruppen oft zu groß.
In Italien ist die Lage ähnlich defizitär wie in Deutschland. Im Unterschied zu Deutschland fängt die Großfamilie vor allem in Süditalien Kleinkinder tendenziell auf.
In Frankreich sind die Mutter-Kind-Beziehungen längst nicht in dem Maße normativ besetzt wie in Deutschland. Über 60 % der französischen Frauen können sich vorstellen, ihr Kind im ersten Lebensjahr in eine Krippe zu geben, in Deutschland sind es nur 2,3 %. Ferner halten 80 % der Franzosen ihr Land für kinderfreundlich. In Deutschland liegt dieser Wert mit knapp 25 % deutlich niedriger (vgl. Rafalski, F 2007, S.2). Der französische Staat verhält sich neutral gegenüber dem Verhalten von Frauen in der Erziehungsphase. Die Erwerbstätigkeit von Frauen ist zu einer Selbstverständlichkeit geworden (vgl. Schmitt, Ch. 2007, S. 6). Der Staat, dem republikanischen Laizismus verpflichtet, übernimmt im Gegensatz dafür - sozusagen als der bessere Pädagoge - die Verantwortung für eine qualitativ hochwertige,

ganztägige Vorschulbetreuung. Im Gegensatz zu Deutschland ist der Staat nicht nur der Zahler hoher Geldleistungen zur Entschädigung eventueller Einkommensverluste, sondern wird auch als wesentlicher familienpolitischer Akteur akzeptiert. Die französische Kleinkinderbetreuung unterscheidet sich von der schwedischen durch ihren Anspruch, die Kinder bestmöglich auf die Schule vorzubereiten. Die Kinder lernen bereits im Alter von vier bis fünf Jahren Rechnen, Schreiben und Lesen und Grundkenntnisse der französischen Landeskunde. Die Aufnahme von zweijährigen ist aufgrund dieser Zielsetzung umstritten. Die Entwicklung kognitiver Fähigkeiten steht somit im Vordergrund. In Frankreich und in Schweden verfügen die Lehrkräfte über eine dreijährige Hochschulausbildung und sind daher besser qualifiziert als Betreuer in Deutschland. Zusätzlich haben sie Assistenten, die eine Ausbildung im Bereich Pflege absolviert haben. In Schweden ist das Leitbild der Erwerbstätigkeit beider Elternteile im Rahmen einer auf Gleichstellung ausgerichteten Familienpolitik ebenfalls gesellschaftlich akzeptiert. Die Frage nach der Bedeutung der exklusiven Betreuung des Kleinkindes durch seine Mutter stellt sich in Schweden mittlerweile genauso wenig wie in Frankreich. Die institutionalisierte Kinderbetreuung ist vollständig auf das Wohl des Kindes fokussiert. Dazu gehört eine ganzheitliche Erziehung, z. B. nach dem Konzept von Montessori, die spielerische Erkundung der Umwelt mit allen Sinnen und die frühe Integration in die schwedische Gesellschaft. Das Kind soll somit vor allem Sozialkompetenz erweben und emotional reifen. Im Gegensatz zu Frankreich wird weniger Wert auf das Erlernen der Grundrechenarten und Förderung der Lesekompetenz gelegt. Durch Betreuung in kleinen Gruppen, meist 15 Kleinkinder pro Lehrkraft, kann jedes Kind individuell gefördert werden. Zu der gesunden Persönlichkeitsentwicklung trägt in Schweden auch ein sehr gut ausgestaltetes Freizeitangebot bei.

5. Familienfreundliche Maßnahmen in Unternehmen

Zunehmend werden Angebote zur Vereinbarkeit von Familie und Beruf in Unternehmen nicht mehr nur als Kostenfaktor sondern auch als Wettbewerbsvorteil gesehen. So stellt auch die Kommission der Europäischen Gemeinschaften fest:

> „ Flexible Arbeitsregelungen steigern die Produktivität, sorgen für höhere Zufriedenheit bei den ArbeitnehmerInnen und nützen dem guten Ruf des Unternehmens."

(vgl. Europäische Kommission (2006)
http://eur-lex.europa.eu/LexUriServ/LexUriServ.do?uri=CELEX:52006DC0092:DE:NOT)

Eine wichtige betriebliche Maßnahme ist das Angebot von Teilzeitarbeitsplätzen. Die Teilzeitarbeit hat in den Vergleichsländern unterschiedliche Funktionen. In Deutschland wird sie insbesondere von Frauen als gute Lösung angesehen, einer geregelten Erwerbstätigkeit nachzugehen und gleichzeitig Zeit für die Familie zu haben. Die Zahl der erwerbstätigen Frauen, die in Teilzeit arbeiten, ist in Deutschland mit einer Quote von 40 % fast doppelt so hoch wie in Schweden (vgl. Abbildung 4).

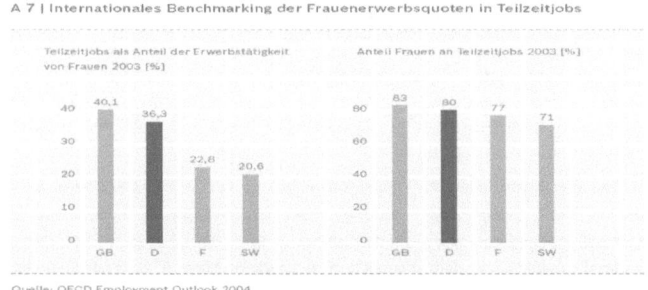

Abbildung 4 Anteil der Frauen in Teilzeitarbeit im Ländervergleich
Entnommen wurde die Abbildung aus der Studie Unternehmen Familie von Roland Berger Strategy Consultants. S.26, Stuttgart, 2006.

Am 1. Januar wurde mit dem Teilzeit- und Befristungsgesetz in Deutschland erstmals ein Anspruch auf eine Arbeitszeitreduzierung verankert. Der Rechtsanspruch wird jedoch dadurch begrenzt, dass der Arbeitgeber betriebliche Gründe, wie z. B. Beeinträchtigung des Arbeitsplatzes oder die Entstehung unverhältnismäßig hoher Kosten, vorbringen kann, die dem Anspruch der Beschäftigten entgegenstehen. Da die betrieblichen Gründe nur vage formuliert sind, ist es besonders für Führungskräfte kaum möglich, in Teilzeit zu arbeiten, da sie permanent ansprechbar sein müssen. Ferner bedeutet die Teilung von Führungsaufgaben oft einen Macht- und Zeitverlust. Sie ist in Führungsebenen gegenüber der Vollzeitarbeit negativ konnotiert. Eine weitere Regelung, die ebenfalls die Beschäftigungsmöglichkeiten für erwerbstätige mit Kindern fördern soll, ist die Vorschrift der Teilzeitausschreibungen. Sie verpflichtet den Arbeitgeber geeignete Arbeitsplätze auch in Teilzeit auszuschreiben. Von den abhängig beschäftigen Frauen in Führungspositionen in der Privatwirtschaft arbeiteten 2004 nur 14 % in Teilzeit (vgl. Koch, A. S. 21 ff).

Europaweit hat das Angebot an Teilzeitstellen zugenommen (vgl. Abbildung 5). Im hier angestellten Ländervergleich ist der Anstieg an Teilzeitarbeitsplätzen in Italien am markantesten. Dennoch ist die Teilzeitarbeit in den Mittelmeerländern nicht so weit verbreitet wie z. B. in Schweden oder Deutschland.

Table 2: Developments in share of part-time work at
establishment level, 1989/1990–2004

Country	Establishments with part-time work		
	NFWA 1989/1990	ESWT 2004	Percentage point increase*
Belgium	50%	75%	+ 25
Denmark	59%	62%	+ 3
Germany	69%	74%	+ 5
Spain	13%	38%	+ 25
Ireland	34%	62%	+ 28
Italy	32%	50%	+ 18
Netherlands	69%	85%	+ 16
UK	64%	71%	+ 7

Abbildung 5: Zunahme der Zahl der Unternehmen die Teilzeit anbieten im Ländervergleich. Quelle: European Foundation for Improvement of Living and Working Conditions. http://www.eurofound.europa.eu/ pubdocs/2006/27/en/1/ef0627en.pdf. Working time and work-life balance in European Companies, S.21 Das ESWT wurde ursprünglich vom Europarat gegründet und stellt Informationen zu speziellen Themen, rund um die Arbeitswelt in Europa zusammen. Ein Beispiel ist das Thema Work-Life Balance.

Ein weiterer Indikator für ein familienfreundliches Unternehmen sind Fördermaßnahmen zum Wiedereinstieg in den Beruf. Diese sind vor allem in Bereichen notwendig, in denen eine ständige Weiterbildung sehr wichtig ist, z. B. im medizinischen Bereich. In 45 % der schwedischen Unternehmen sind diverse Trainingsprogramme Norm. In Italien beträgt diese Quote nur 6 % (vgl. European Foundation for the Improvement of Living and Working conditions, S. 37).

In Frankreich und Italien arbeitet ca. die Hälfte der Frauen nach dem Wiedereinstieg genauso viele Stunden wie vor dem Elternurlaub. In Deutschland tun dies dagegen nur 20 %.

In Deutschland engagieren sich Unternehmen mit Unterstützung der Bundesregierung und zahlreichen Landesregierungen auch zunehmend für die betriebliche Kinderbetreuung. Ihr Ziel ist es unter anderen qualifizierte Mitarbeiterinnen zu behalten. Betriebliche Kinderbetreuung kann sich für die Unternehmen rechnen, da die Aufwendungen steuerlich abgesetzt werden können. In Frankreich wird der Kinderbetreuung durch den Betrieb mit Misstrauen begegnet, da die öffentliche Kinderbetreuung einen sehr hohen Status genießt. In Schweden sind derartige Maßnahmen nicht notwendig, da die Eltern einen gesetzlichen Anspruch auf einen Platz in einer ganztägig geöffneten Vorschultagespflege haben.

6. Entwicklungstendenzen in den Vergleichsländern zur besseren Vereinbarkeit von Familie und Beruf – ein Ausblick

Das „best-practise" Land Schweden kann vor allem im Bereich seiner Unternehmenskultur Maßnahmen zur Vereinbarkeit von Familie und Beruf noch weiter ausbauen. Gefördert werden soll vor allem die Möglichkeit, ein so genanntes „Sabbatical" in Anspruch zu nehmen, um der Lebensplanung mehr Freiraum zu geben. Ein bestimmter Prozentsatz vom monatlichen Gehalt wird gespart, um sich in der Regel für ein Jahr eine Auszeit zu nehmen und sich in dieser Zeit weiterzubilden, sich dem Familienleben zu widmen, Familienangehörige zu pflegen oder gar eine Weltreise zu machen. Es besteht gegenwärtig auch die Möglichkeit, auf Arbeitszeitkonten für eine Auszeit zu „sparen". Maßnahmen könnten auch unabhängig von den bisherigen Regelungen für „Sabbaticals" weiterentwickelt werden. Die Grundidee für diese Idee stammt aus den Niederlanden, die sie „Lebenslaufregelung" nennen. Ihr Ziel ist es, den klassischen dreiteiligen Lebenszyklus, der aus einer Lernphase in der Jugend besteht, auf die eine Phase der Arbeit und schließlich eine Erholungsphase im Alter zu flexibilisieren. Grund ist vor allem die Tatsache, dass derzeit Familien- und Karriereplanung parallel in der Lebensphase von 30 bis 40 Jahren verlaufen und es schwierig ist beides gleichzeitig zu organisieren. In diesem Kontext wird von einer *Rushhour des Lebens* gesprochen. Da die Lebenserwartung kontinuierlich steigt und die Tendenz besteht, das Renteneintrittsalter zu erhöhen, ist es sinnvoll, die für Familien schwierige Zeit in der Mitte des Lebens durch Auszeiten zu entlasten. Damit würde sich die Zeit, in der die Eltern erwerbstätig sind insgesamt verlängern. Vorraussetzung hierfür ist eine Garantie auf Rückkehr zum Arbeitsplatz sowie gute Weiterbildungsmöglichkeiten. Als positiver Nebeneffekt können Arbeitsplätze als Vertretung für die Mitarbeiter in Auszeit geschaffen werden.

Die verglichenen Länder müssen ein Bewusstsein dafür entwickeln, dass das Ideal von geradlinigen Karrieren und kontinuierlich steigendem Gehalt der Vergangenheit angehört.

Zunehmend ist es auch in der Ausbildungsphase sinnvoll, die Lerneinheiten zu modularisieren, um nach einer etwaigen Unterbrechung durch Familiengründung die Ausbildung ohne Nachteile passgenau fortsetzen zu können. Die Einführung der Bachelor und Masterstudiengänge in den EU Ländern trägt diesen Erfordernissen Rechnung.

Straffe Ausbildungszeiten vor der Erziehungspause sind vor allem in Deutschland notwendig, da anders als in Frankreich der Eintritt ins Berufsleben nicht mit 23 oder 24 beginnt sondern, insbesondere bei AkademikerInnen, erst mit 27 oder 28 Jahren und somit den Druck zwischen Karriere und Familie zu wählen, zusätzlich erhöht.

In Frankreich sollen in Zukunft bis zu 40. 000 Betreuungsplätze zusätzlich geschaffen werden. Nicolas Sarkozy, derzeitiger Staatspräsident Frankreichs, fordert aktuell ein „Grundrecht auf Kinderbetreuung". Neben der öffentlichen Kinderbetreuung gewinnt die private Kinderbetreuung als haushaltsnahe Dienstleistung immer mehr an Bedeutung (vgl. Sandberg, B. S. 60).

Deutschland und Italien müssen verstärkt eine geschlechtsneutrale Familienpolitik fördern. In Deutschland findet gegenwärtig ein Bewusstseinswandel hin zu einer Gesellschaft statt, in der die Berufstätigkeit der Mutter zur Norm wird und auch bei Vätern ein Bewusstsein geschaffen wird, als aktiver Partner in der Kinderbetreuung mitzuwirken. Nur noch 10 % der Deutschen wünschen sich derzeit noch die Hausfrauenehe. Neben einem neuen Rollenverständnis zwischen Frauen und Männern findet zurzeit auch ein Wandel in der Unternehmenskultur statt. Personalverantwortliche sollen verstärkt erkennen, dass Beschäftigte mit Familienpflichten Kompetenzen wie z. B. Organisationstalent erwerben, die für den Arbeitsprozess wertvoll sind.

Mit dem am 01. Januar 2007 eingeführten Bundeselterngeld- und Elternzeitgesetz werden die finanziellen Transfers für Familien weniger als eine soziale Hilfeleistung verstanden, sondern als Ausgleich der durch Arbeitsausfall entstehenden Opportunitätskosten. Mit einer Erhöhung der Beiträge könnte mit der Zeit eine Art Erziehungsgehalt geschaffen werden, das die Erziehung in der Familie als Beruf anerkennt.

Ferner können selbstständige Dienstleistungsagenturen, wie es sie in Deutschland schon für die ambulante Pflege gibt, qualifizierte KinderbetreuerInnen, Haushaltshilfen etc. vermitteln, die Familien professionell entlasten können. Der Ländervergleich mit Schweden zeigt, dass auch Institutionen, die Informationen rund um das Thema Familie bereitstellen, oft in Anspruch genommen werden. Länder und Kommunen müssen Familien in Zukunft nicht nur als Empfänger von Leistungen sehen, sondern als Investoren. Es ist wichtig, dass sich ihre Betreuungseinrichtungen künftig nach den Arbeitszeiten der Eltern richten. Es wäre zu überlegen, die oft aufgesplitterten Familienkompetenzen der Länder und Kommunen, Verbände oder kirchlichen Einrichtungen stärker zu zentralisieren, um Neuerungen mehr Gewicht zu verleihen. Dies gilt auch für die Organisation der Familienpolitik in Italien, die auf vielen Ebenen nicht einheitlich umgesetzt wird.

Literaturverzeichnis

Bücherquellen

EUROPEAN FOUNDATION FOR THE IMPROVEMENT OF LIVING AND WORKING CONDITIONS, Office for Official Publications of the European Communities (2006), Working time and work-life balance in European companies, Luxembourg.

FAFO INSTITUT FÜR FAMILIENFORSCHUNG BADEN- WÜRTTEMBERG, im Auftrag des Bundesministeriums für Familien, Senioren, Frauen und Jugend (2006) Monitor Familienforschung: Werteorientierte Erziehung, Haushalt und Beruf: Herausforderungen und Unterstützungen für Familien. Ausgabe 4 bis 8, Stuttgart.

HÜTHER G, HIRNFORSCHUNG (2003): Zuwendung ist der wichtigste Erzieher, in MEVES C, Verführt, Manipuliert. Die Gesellschaft in der Falle modischer Irrlehren, Gräfeling, Aufl. 3 S. 18.

HOFFMANN, S.O./HOCHAPFEL, G. (1999) Neurosenlehre, Psychotherapeutische und Psychosomatische Medizin. 6. Auflage, Schattauer, Stuttgart, New York.

OBERHUEMER, P./Ulrich, M. (1997) Kinderbetreuung in Europa – Tageseinrichtungen und pädagogisches Personal. Wertheim und Basel; Belz.

ROLAND BERGER STRATEGY CONSULTANTS (2006) Studie im Auftrag der Robert Bosch Stiftung: Unternehmen Familie, Stuttgart.

STATISTISCHES BUNDESAMT, Datenreport 2004, Zahlen und Fakten über die Bundesrepublik Deutschland, zweite, aktualisierte Auflage, Wiesbaden.

Zeitungs- und Zeitschriftenquellen

KOCH, A. (2007) Teilzeitregelungen in Führungspositionen für Beschäftigte mit Kindern. In - Aus Politik und Zeitgeschichte 7. Beilage zur Wochenzeitung Das Parlament, Herausgeber: Die Bundeszentrale für politische Bildung. S. 21ff.

BAGAVOS, Ch./Martin, C. (2001) Sinkende Geburtenrate, Familienstrukturen und politische Reaktionen. Synthesebericht. Wien: Österreichisches Institut für Familienforschung, Heft 10, Wien.

DÖGE, P. (2007): Männer – auf dem Weg zu einer aktiven Vaterschaft?. -In Aus Politik und Zeitgeschichte 7. Beilage zur Wochenzeitung: Das Parlament, Herausgeber: Die Bundeszentrale für politische Bildung, Bonn, S.27 ff.

RAFALSKI, F. (4. Mai 2007) Die Angst der Deutschen vorm Kinderkriegen. Im Wiesbadener Tagblatt, Rhein-Main Presse, Wiesbaden.

SANDBERG, B. (2007) Avantgarde der Fruchtbarkeit. In- Der Spiegel Nr. 9/26.2.07, Hamburg.

SCHMITT, Ch. (2007): Familiengründung und Erwerbstätigkeit im Lebenslauf in Familiengründung und Beruf. In- Aus Politik und Zeitgeschichte 7. Beilage zur Wochenzeitung: Das Parlament, Herausgeber: Die Bundeszentrale für politische Bildung, Bonn, S. 3ff.

SMOLTCZYK, A. (2007) Ciao, bambini. In- Der Spiegel Nr. Nr. 9/26.2.07, Hamburg S. 70.

UN (2001) aus DB research, Demographie spezial: Die demographische Herausforderung, S. 50/51, New York.

Internetquellen:

BUNDESMINISTERIUM FÜR FAMILIE, SENIOREN, FRAUEN UND JUGEND (2007): Bund, Länder und Kommunen sind sich einig: Betreuungsplatz für jedes dritte Kind unter
http://www.bmfsfj.de/Kategorien/aktuelles,did=95840.html
(Stand 21. April 2007).

VEIL, M. (2003) Bundeszentrale für politische Bildung: Kinderbetreuungskulturen in Europa: Schweden, Frankreich, Deutschland unter:
http://www.bpb.de/files/RXFU7L.pdf
(Stand 20. April .2007).

BUNDESMINISTERIUM FÜR FAMILIE, SENIOREN, FRAUEN UND JUGEND (2007):
Übersicht über die Familienpolitischen Regelleistungen und Steuerermäßigungen in der Bundesrepublik Deutschland unter:
http://www.bmfsfj.de/RedaktionBMFSFJ/Abteilung2/Pdf-Anlagen/regelleistungen-steuererm_C3_A4_C3_9Figungen-deutsch,property=pdf,bereich=,rwb=true.pdf Stand (22. April 2007).

EUROPEAN FOUNDATION FOR THE IMPROVEMENT OF WORKING AN LIVING CONDITIONS (2006)
unter http://www.eurofound.europa.eu/pubdocs/2006/27/en/1/ef0627en.pdf)
(Stand 05. Mai 2007).

EUROPÄISCHE KOMMISSION, Amtsblatt der Europäischen Gesellschaften (2000) unter
http://www.europarl.europa.eu/charter/pdf/text_de.pdf
(Stand 29. April 2007).

EUROPÄISCHE KOMMISSION, Mitteilung der Kommission an den Rat, das Europäische
Parlament, den Europäischen Wirtschafts- und Sozialausschuss und den Ausschuss der
Regionen – Ein Fahrplan für die Gleichstellung von Frauen und Männern 2006 – 2010 unter
http://eur-lex.europa.eu/LexUriServ.do?uri=CELEX:52006DC0092:DE:NOT
(Stand 05. Mai. 2007).

FIX, B. (2006): Familienpolitik im internationalen Vergleich von Europa lernen unter
http://www.familienhandbuch.de/cmain/f_Programme/a_Familienpolitik/s_877.html
Stand (20. April 2007).

JUNG, C. (2007) Freie Online Enzyklopädie Wikipedia. Vereinbarkeit von Familie und Beruf
unter
http://de.wikipedia.org/wiki/Vereinbarkeit_von_Familie_und_Beruf
Stand (25. April 2007).

WOLFGANG, E. (2005): Das Online-Familienhandbuch Kleinkindforschung und
Kleinkindbetreuung unter
http://www.familienhandbuch.de/cmain/f_Fachbeitrag/a_Kindheitsforschung/s_1815.html
Stand (26. April 2007).

HENRY-HUTHMACHER, CH. (2002): Wandel in Italien und Spanien unter
http://www.kas.de/db_files/dokumente/die_politische_meinung/7_dokument_dok_pdf_747_1.
pdf
(Stand 21. April 2007).

KREINER, P. (2007): Bambini – heiß geliebt, unversorgt unter
http://www.archiv.tagesspiegel.de/drucken.php?link=archiv/02.03.2007/3115470.asp)
(Stand 18. April 2007).

LEIPERT, CH. (2003): Länderbericht Italien unter
http://www.heidelberger-familienbuero.de/demographie-wohlstand/Lesetip-Leipert-Frankreich-Italien.htm#Italien%20Geburtenzahlen
Stand (20. April 2007).

MINISTERE DE L´EMPLOI ET DE LA COHESION SOCIALE ET DU LOGEMENT, *(2006)* Les congés pour enfant malade unter http://www.travail.gouv.fr/informations-pratiques/fiches-pratiques/conges-absences-du_travail.fr.
Stand (21. April 2007).

STATISTISCHES BUNDESAMT (2002): Kinderbetreuung in Deutschland unter
http://www.destatis.de/presse/deutsch/pk/2004/faltblatt_kinderbetreuung.pdf (Stand 21.April 2007).

SWEDISH INSTITUT (2005) At home with dad. unter
http://www.sweden. se/templates/cs/CommonPage   12898.aspx
(Stand 21. April 2007).